Au siège d'Acre, les nouveaux croisés viennent à bout des feux grégeois, redoutables projectiles de pétrole, de soufre et de poix et de machines à lancer les boulets.

Mais Richard Cœur de Lion s'est pris d'amitié pour Saladin. Peut-être est-il aussi séduit par les richesses de l'Orient ?
Il tarde à prendre Jérusalem.

Saladin assiège Jaffa. Richard arrive au secours des chrétiens. Sous une pluie de flèches, il saute dans l'eau, dresse une barrière de planches et entre dans la ville.

La troisième croisade se termine sans que soit délivrée Jérusalem. En route pour l'Angleterre, Richard est capturé... par des chrétiens. En 1193, Saladin meurt.

le sac de Constantinople

Schisme
Séparation, à l'intérieur d'une religion, qui ne remet pas en question les principes fondamentaux de la foi. Depuis 1054, l'Église orthodoxe grecque est séparée de l'Église catholique romaine ; mais elles sont l'une et l'autre de religion chrétienne.

Le pape Innocent III, homme énergique,
ne veut pas rester sur un échec.
Une nouvelle croisade, la quatrième,
doit débarquer en Égypte, pour prendre
la Terre sainte à revers. Mais comment
payer les armateurs vénitiens
qui assurent le transport par mer ?
L'argent manque : pour assurer
leur passage, les croisés prêtent main-forte
aux Vénitiens et à un prince grec
de Byzance. Les voici donc en Grèce.
Qu'importe si l'ennemi est chrétien !
Mais l'entente entre les Grecs et les Latins
ne dure guère. Depuis le **schisme,**
ils se méfient les uns des autres.
Pour les Latins, les Grecs sont des traîtres ;
pour les Grecs, les Latins sont des barbares.
Impatients de montrer leur force,
les croisés décident de prendre
Constantinople d'assaut.
Avides des trésors qu'elle renferme,
dans ses palais, dans ses églises,
ils pillent sans vergogne
l'or, les perles, les statues.
Ils arrachent les saintes reliques
du Christ pour les rapporter en Occident.
Des princes latins règnent pendant un siècle
sur une partie de la Grèce.
La Terre sainte semble bien oubliée.

« *Depuis que le monde fut créé, il ne fut fait tant de butin dans une ville.* »
Villehardouin, *La Conquête de Constantinople.*

splendeur de Venise

De cette croisade détournée de son but,
seule Venise, en Occident, fête l'exploit.
Elle accueille son **doge** en héros.
La victoire sur les Grecs lui assure,
en Méditerranée orientale, des **comptoirs.**
Elle s'installe, avec Gênes, sa rivale,
jusque sur les bords de la mer Noire.
Elle envoie en Asie Marco Polo.
Ainsi naît un véritable empire colonial.
Les marchands ont gagné !
Déjà l'existence des états chrétiens
avait permis aux ports italiens
de se développer et aux **galées** téméraires
de sillonner la Méditerranée.
Quel trafic !
Les croisés, plutôt que de prendre
la route de terre, longue et dangereuse,
préfèrent s'embarquer à Pise,
Gênes ou Venise.
Sur les quais des ports d'Italie,
sont chargés armes, bois, draps et vins
que reçoivent, en Syrie, Acre ou Tyr,
ports grouillants et prospères.
Les Italiens y ont, seuls, le privilège
d'acheter les produits rares et chers
venus parfois, par caravanes,
des profondeurs de l'Orient.
Épices, parfums, ivoires, soieries,
plantes pour teindre ou colorier
sont ensuite revendus en Occident.
La croisade est devenue, pour certains,
le moyen d'un florissant commerce.

Doge
Chef de la République de Venise, élu à vie.

Comptoir
Établissement en terre étrangère pour faire du commerce.

Galée ou **galère**
Bateau long d'au moins 35 m, allant à la voile et à la rame.

Un astrolabe

« *Vous avez des hommes valeureux aussi bien pour gouverner que pour combattre. Le monde entier dit : « Les Vénitiens sont les maîtres en fait de capitaines, d'équipages et de galées. »*
Discours du doge, 1423.

croisades des riches

La foi est, sans nul doute, la première
raison pour laquelle partent les chevaliers.
« Vous êtes l'armée de Dieu »,
leur dit **saint Bernard,** à Vézelay.
Mais la croisade est aussi une occasion
de grands faits d'armes que la paix,
en Occident, rend impossibles
et que la renommée transforme,
de château en château,
en vrais romans de chevalerie.
Les femmes suivent, avides de gloire,
telle Aliénor d'Aquitaine,
l'épouse du roi de France Louis VII,
ou Bérangère, la fiancée de Richard,
qu'on tenta de lui enlever à Chypre.
Toute l'aristocratie d'Europe se mêle
et suit les règles de la **courtoisie.**
Mais bien des chevaliers partent aussi
en quête de femmes et de terres.
Comme il était modeste, Guy de Lusignan,
qui n'avait pas sa place en Poitou !
Mais sa beauté séduit Sibylle,
héritière du trône de Jérusalem
dont il devient roi à son tour.
Chaque chevalier sait qu'il reçoit,
là-bas, un **fief,** en échange de ses services.
Une fois établis, les seigneurs font preuve
de tolérance : dans les mosquées
converties en églises, chrétiens
et musulmans prient, chacun de son côté.
La Terre sainte paraît un pays de cocagne
où il fait bon vivre.

Saint Bernard (1091-1153)
Moine de l'ordre de Citeaux.

Courtoisie
Politesse raffinée qui se pratique à partir du XIIe siècle dans les cours seigneuriales, en particulier à l'égard des dames.

Fief
Ensemble de terres et de droits cédés par le seigneur à son vassal.

Armoiries du royaume de Jérusalem

« Lorsque les jours sont longs en mai me plaît un chant d'oiseau lointain… Ah ! que ne suis-je en son pays, en pèlerin dont les habits frapperaient les yeux de la belle ! »
Jaufré Rudel, *troubadour du XIIe siècle.*

croisades des pauvres

Depuis la première croisade partent,
dans l'enthousiasme, des pauvres gens.
Sur leurs chariots, ils entassent
leurs familles et leurs meubles.
Ils ne savent pas combien la route
est longue jusqu'en Terre sainte !
Et les petits enfants demandent,
à l'approche de chaque ville :
« Est-ce là Jérusalem ? »
Sur leur passage, ils provoquent
violences, pillages et carnages,
car la plupart sont des **fanatiques**
et ils n'ont pas de quoi manger.
On dit même que des enfants,
au début du XIIIe siècle,
sont partis de France et d'Allemagne.
Il s'agit plutôt de misérables,
sans argent et sans logis.
Parce qu'ils sont pauvres et purs,
ils pensent réussir, sans armes,
là où les chevaliers ont échoué.
Des chefs les entraînent
qui se disent **prophètes** :
« La Méditerranée s'ouvrira devant vous ;
vous la traverserez à pied sec... »
Mais embarqués sur des vaisseaux,
ils finissent vendus comme esclaves,
ou sombrent dans la mer.
Ils n'ont pas vu, à Jérusalem,
la fin du monde
qu'ils appelaient de leurs vœux.

Fanatique
Personne qui défend sa religion avec un zèle passionné et qui, souvent, n'est plus capable de respecter celle des autres.

Prophète
Celui qui prétend être inspiré par Dieu, en particulier pour prédire l'avenir.

« Écoute-nous, Christ-roi, écoute-nous, Seigneur, dirige nos pas. Aie pitié, Dieu, aie pitié, Dieu, et dirige nos pas... Donne-nous un chef, envoie-nous un ange afin qu'il nous mène jusqu'à Toi. »

Chant de la première croisade.

un croisé exemplaire

Depuis que Jérusalem est aux mains des successeurs de Saladin, les sultans d'Égypte, personne n'a pu la reprendre. En 1228, l'empereur Frédéric II, quoiqu'**excommunié,** s'y aventure. Ambitieux, il veut ajouter à ses titres celui de roi de Jérusalem. Lettré, il apprécie la civilisation raffinée des orientaux, ses adversaires. Est-il réellement un croisé ? Cet étrange pèlerin sans foi, obtient que les musulmans rendent Jérusalem. Mais ce succès ne dure pas. Combien différent est Saint Louis ! Pieux, il est intransigeant avec les **hérétiques** et les infidèles. Pacifiste, il croit qu'une seule guerre est juste : la croisade. En 1249, il débarque en Égypte. Il entre dans Damiette : les mosquées y deviennent des églises. Mais il finit par échouer devant la forteresse de la Mansourah. Pour les croisés malades, c'est le massacre, pour les autres, dont le roi, la prison. Libéré contre une forte **rançon,** il met de l'ordre en Terre sainte. En 1270, il se croise à nouveau. Il part pour Tunis. Mais à peine arrivé, il meurt. Avec Saint Louis se termine la dernière grande croisade de l'Occident.

Excommunié
Exclu de la communauté des fidèles et de la totalité des sacrements, en raison d'une faute grave contre l'Église.

Hérétique
Celui qui professe une hérésie, c'est-à-dire une doctrine en opposition avec la foi.

Rançon
Somme qu'un captif doit payer à son vainqueur pour obtenir sa liberté.

« *Vint le roi, avec toute son armée, à grand bruit de trompettes. Jamais si beau chevalier je ne vis, plus grand que tous, les épaules en avant, un heaume doré sur la tête...* »

Joinville,
Histoire de Saint Louis.

retournement spectaculaire

En Terre sainte, la situation est critique.
Pour des milliers de colons
est venue l'heure de l'**exode.**
Personne ne songe plus à les défendre.
Personne ne répond plus à leur appel.
A l'est, le grand Empire **mongol** refuse de
s'allier pour prendre les Turcs à revers.
A l'ouest, les États, moins prospères,
ne s'intéressent plus qu'à eux-mêmes.
Vers 1290, Acre tombe.
C'en est fini des États chrétiens,
conquis par le sultan d'Égypte
dans l'indifférence générale.
On critique même les ordres militaires
revenus en Occident, surtout les Templiers.
La richesse de leurs **commanderies,**
la quantité d'argent qu'ils manient
comme banquiers des rois et des grands,
tout chez eux indispose et fait envie.
On les accuse, sans preuves, de ne pas avoir
défendu Jérusalem et de se mal conduire.
Mais est-on encore capable de comprendre
ce qu'est un chevalier du Christ ?
Les esprits ont changé.
A la guerre, on préfère la paix ;
à l'épée, la parole.
Lorsque le roi de France, Philippe le Bel,
fait arrêter les Templiers, les fait
emprisonner, torturer, juger, brûler
comme hérétiques, personne ne proteste.
Du vieil idéal de la croisade, que reste-t-il ?

Exode
Départ en masse d'une population.

Mongols
Peuple originaire d'Asie centrale, de religion païenne.

Commanderie
Maison et domaine appartenant aux Templiers.

« *On enverra les enquêteurs arrêter les Templiers et saisir leurs biens. Puis ils feront une enquête, appelleront l'inquisiteur et examineront la vérité avec soin, par la torture s'il en est besoin.* »
Ordre de Philippe le Bel.

en Occident : des victoires

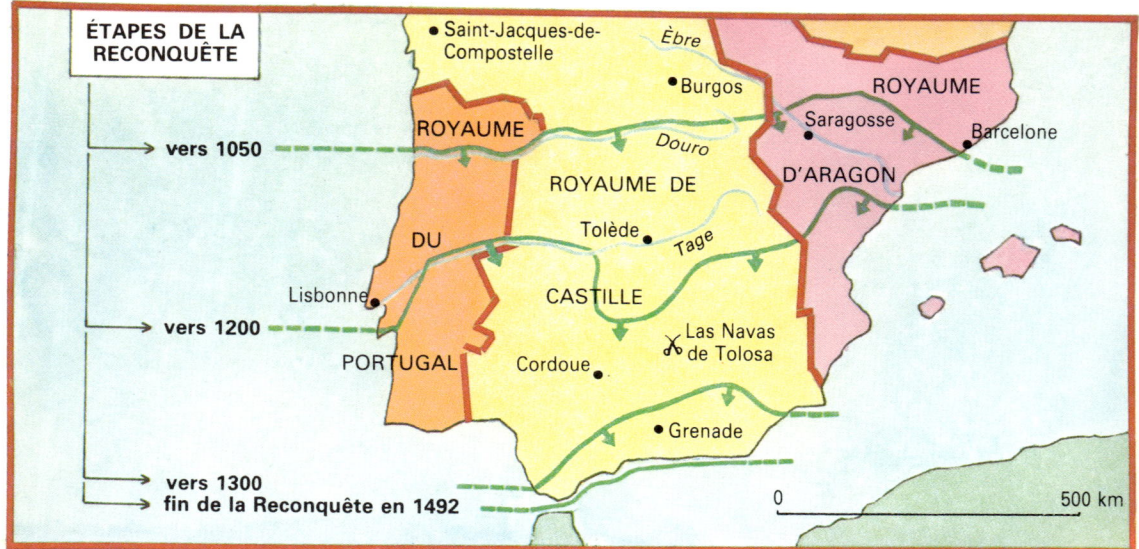

ÉTAPES DE LA RECONQUÊTE

• Saint-Jacques-de-Compostelle
 Èbre
• Burgos
ROYAUME
ROYAUME
Saragosse
Barcelone
Douro
D'ARAGON
ROYAUME DE
Tolède
Tage
DU
CASTILLE
Lisbonne
Las Navas
de Tolosa
PORTUGAL
Cordoue
• Grenade

vers 1050
vers 1200
vers 1300
fin de la Reconquête en 1492

0   500 km

En Espagne, par contre, la croisade continue. C'est la « Reconquista »,
ou reconquête contre les Arabes, appelés aussi les Maures.
Au XIᵉ siècle, le Cid, illustre chevalier, obtient d'éclatantes victoires.
Mais des tribus arabes, fanatiques, venues d'Afrique du Nord, retardent
la progression des royaumes chrétiens vers le Sud. La lutte est acharnée.

La civilisation arabe est brillante. Elle a conservé les textes antiques dont
hérite l'Occident chrétien. Les villes sont riches. Canaux et norias irriguent
les terres. Les chrétiens sont victorieux en 1212, à Las Navas de Tolosa.
Les musulmans ne possèdent plus jusqu'en 1492 que le petit royaume de
Grenade.

En Languedoc, au XIIᵉ siècle,
les hérétiques sont nombreux. Les
Cathares ou Albigeois, adoptent
une doctrine venue d'Orient et
critiquent le clergé.

En 1208, le pape Innocent III
prêche la croisade contre le comte
de Toulouse et les Albigeois.
Les chevaliers, venus du Nord, ont
pour chef Simon de Montfort.

Les croisés conquièrent une partie
du Languedoc. Victorieux à Muret
en 1213, puis menés par le futur
Louis VIII, ils annexent le pays et
pillent plus qu'ils ne convertissent.

Les hérétiques n'ont pas disparu.
Le pape confie au tribunal de
l'Inquisition le soin de les juger.
Beaucoup préfèrent être brûlés vifs
plutôt que de céder.

triste bilan !

Combien de croisades ont été prêchées ?
On ne sait, tant elles sont nombreuses,
de l'Espagne jusqu'à la Prusse
où les **chevaliers Teutoniques** luttent
contre les païens, dans la forêt profonde.
Les plus spectaculaires sont les huit
croisades en Orient de 1095 à 1270.
Mais elles se soldent par un échec.
L'avance des Turcs est seulement retardée.
Dès le début du XIVe siècle, les **Ottomans,**
s'installent en Asie Mineure
et, en 1453, prennent Constantinople.
En Europe, les croisades n'apportent aucune
satisfaction durable, ni aux chevaliers,
en grande partie ruinés par les rançons
et les voyages, ni aux colons
dont les terres ont été vite perdues.
Seuls les ports d'Italie se sont enrichis.
On doit aussi aux croisades la diffusion
de sciences oubliées depuis l'Antiquité,
telle l'astronomie, ou de choses inconnues
comme l'abricot ou le papier.
Mais, en Occident, est née l'intolérance.
Chaque départ à la croisade s'accompagne
de violences contre les juifs.
Tout espoir d'une collaboration confiante
entre chrétiens et musulmans est brisée.
Malgré cela, jusqu'à la fin du Moyen Age,
l'idée de croisade reste vive en Occident.
Les papes et les rois l'ont entretenue.
La gloire de Dieu était aussi leur gloire.
Mais ce n'était qu'un rêve.

Chevaliers Teutoniques
Ordre religieux et militaire fondé à Jérusalem par les croisés allemands. De retour en Europe, ils luttent pour convertir les païens en Prusse et dans les pays baltes.

Ottomans
Tribu turque qui succède aux Seldjoukides et pénètre en Europe vers 1350, grâce à une redoutable armée de fantassins — les janissaires — et de cavaliers — les spahis.

« L'an 1396, fut la chrétienté éprouvée. Les Sarrasins prirent nos gens. Maint seigneur y mourut dans la tourmente. Ce fut grand pitié ! quelques-uns, par rançon revinrent de là-bas. »
Chronique du XVe siècle.